재미만만 한국사 5
백제, 바다를 접수하다!

초판 1쇄 발행 2020년 8월 24일 | 초판 15쇄 발행 2024년 8월 8일
글 김해원 | 그림 이경석 | 감수 하일식
발행인 이봉주 | 편집장 안경숙 | 기획 안경숙, 구름돌 | 편집 및 디자인 구름돌
디자인 포맷 구름돌, 민트플라츠 송지연 | 마케팅 정지운, 박현아, 원숙영, 김지윤, 황지영 | 제작 신홍섭

펴낸곳 (주)웅진씽크빅 | 주소 경기도 파주시 회동길 20 (우)10881
문의전화 031)956-7440(편집), 031)956-7569, 7570(마케팅)
홈페이지 www.wjjunior.co.kr | 블로그 blog.naver.com/wj_junior
페이스북 facebook.com/wjbook | 트위터 @new_wjjr | 인스타그램 @woongjin_junior
출판신고 1980년 3월 29일 제406-2007-00046호 | 제조국 대한민국 | 사용 연령 7세 이상

글ⓒ김해원, 2020 | 그림ⓒ이경석, 2020
저작권자와 맺은 특약에 따라 검인을 생략합니다.

웅진주니어는 (주)웅진씽크빅의 유아·아동·청소년 도서 브랜드입니다.
이 책은 저작권법에 의해 한국 내에서 보호를 받는 저작물이므로 무단전재와 복제를 금하며,
이 책 내용의 전부 또는 일부를 이용하려면 반드시 저작권자와 (주)웅진씽크빅의 서면 동의를 받아야 합니다.

ISBN 978-89-01-24408-2 · 978-89-01-24403-7(세트)

잘못 만들어진 책은 바꾸어 드립니다.
▲주의 1. 책 모서리가 날카로워 다칠 수 있으니 사람을 향해 던지거나 떨어뜨리지 마십시오. 2. 보관 시 직사광선이나 습기 찬 곳은 피해 주십시오.

글 김해원 | 그림 이경석

웅진주니어

재미만만 한국사
백제
차례

1. 해상 왕국을 꿈꾸다 (6~29쪽)

이름: 근초고왕
성격: 대범함.
취미: 땅 넓히기

키가 크고, 잘생겼다. 해상 왕국을 꿈꾸며 강한 백제로 만들기 위해 적에게는 칼로 강하게! 형제 나라에는 선물로 부드럽게!

2. 왜나라에 백제의 숨결을 불어넣다 (30~51쪽)

이름: 아직기
직업: 학자
특기: 말 돌보기

왜나라로 건너가 백제의 문화를 알렸다. 학문도 뛰어나고, 말 다루는 기술도 뛰어나 왜나라 왕의 마음을 사로잡는다.

3 52~75쪽
세상을 향해 바다로 나가다

이름: 망구

직업: 심부름꾼

장래 희망: 선장

호기심이 많고, 잘난 척하기 좋아한다.
왜나라와 중국을 오가며 뱃사람들이 시키는
온갖 잔심부름을 도맡아 한다.

4 76~97쪽
백제, 문화를 꽃피우다

이름: 진솔

직업: 와박사

특기: 검사하기와
감독하기

기와에 대해서는 모르는 것이 없는 기술자.
기와를 철저하게 검사, 감독한다. 그러나
딸 우금이에게는 꼼짝 못 하는 딸 바보 아빠!

1 해상 왕국을 꿈꾸다

사람은 누구나 꿈이 있어.
나도 너희들과 같은 시대에 태어났다면
배우를 꿈꿨을지도 몰라.
키가 큰 데다가 잘생겼다는 말을 많이 듣거든.
하지만 나, 근초고왕은 백제의 열한 번째 왕인
비류왕의 둘째 아들로 태어났어.
나는 어렸을 때부터 아버지, 비류왕처럼 백성을 아끼고,
백제를 강하게 만드는 왕이 되는 게 꿈이었지.

내가 왕자였을 때야.

아버지는 날 한강으로 데려가셨지.

"저 한강은 우리 백제의 힘이다. 왜 그런지 아느냐?"

"강물을 끌어와 농사짓기 좋습니다."

"옳지! 그리고 또?"

"그리고, 그리고……."

내가 대답을 못 하자 아버지는 한강을 가리키며 말씀하셨어.

"백제는 한강이 있어 중국에 속해 있는 낙랑군을 오가며,

다른 나라보다 일찍 앞선 문물을 받아들였지.

그런데 고구려가 낙랑군을 공격해 중국으로 쫓아내 버렸어.

그래도 다행히 일부 낙랑군 사람들이

백제로 내려와 살았단다."

앞으로 쭉
중국 물건을 백제로
실어 나를게요.

제가 알고 있는 기술을
알려 드릴게요.

백제에서 살게
해 주십시오.

나는 눈치 빠르게 아버지께 대답했어.

"아, 그 사람들 덕에 백제가 중국 물건을 들여올 수 있었군요."

나는 푸른 물을 헤치고 가는 배를 바라보며 생각했지.

'강한 백제가 되려면 반드시 한강을 지켜야겠군.'

그래서 나는 결심했어.
백제가 바다를 헤치고 어디든 다닐 수 있도록
바다 위의 왕국, 즉 해상 왕국으로 만들겠다고!

나, 근초고왕은 왕위에 오르자마자 신하들을 불러 말했어.
"바다를 차지해 아무도 백제를 넘보지 못하게 할 것이다!"
몇몇 신하가 내 말에 조심스럽게 입을 뗐어.
"그리하려면 마한의 여러 나라를 쳐야 합니다.
하지만 여러 나라를 한꺼번에 치는 것은 무리입니다."
나는 신하들이 이렇게 말할 거라고 짐작하고 있었거든.
그래서 신하들에게 소리쳤지.
"무슨 소리!
칼로만 다른 나라를 머리 숙이게 하는 것은 아니다!"

그렇게 어려운 일을……

난 군사를 일으키기 전 마한의 여러 나라에 내 뜻을 알렸어.
"백제에 스스로 무릎을 꿇는 나라는 형제로 받아들이겠다.
그러나 내 뜻을 받아들이지 않는다면,
백제의 용맹한 군대가 직접 나설 것이다!"
내 예상대로 겁먹은 나라들이 우리 발아래에 납작 엎드렸어.
하지만 남쪽 끄트머리에 있는 나라들은 끝까지 버티는 거야.
설마 거기까지 군대를 보낼 수 있겠나 싶었겠지.
그래서 나는 보란 듯이 군대를 이끌고 가 본때를 보여 줬어.

백제 군대의 불같은 기세에 마한에 있는 나라들뿐만 아니라
가야의 작은 나라들도 움찔했어.
용맹한 군대가 턱밑까지 왔으니 얼마나 무섭겠어.
'이참에 가야의 남쪽 바다도 우리가 차지해?
그러면 해상 왕국의 모습을 제대로 갖출 수 있을 텐데…….'

내가 망설이던 중에 가야에서 사신이 왔지 뭐야.
"가야는 백제를 형제의 나라로 생각하고 있습니다!"
"그리 생각한다면야 나도 칼을 겨눌 필요가 있겠나.
여봐라! 사신을 극진히 모셔라!"
오호, 백제가 서쪽에서 남쪽 바다까지 차지하게 되었네.
아, 백제가 해상 왕국이 되는 꿈이 멀지 않았구나!

먼 남쪽 왜나라까지 소문이 퍼졌는지 사신이 날 찾아왔어.

나는 못 이기는 척 왜나라의 부탁을 들어주기로 했어.

얼마 뒤 나는 왜나라 왕에게 보낼
칠지도를 만들게 했어.
칠지도는 7개의 칼날이 가지 모양으로 뻗어 있는 칼로,
나라에서 의식할 때 쓰는 보물이야.
"칠지도에 글을 새겨 내 뜻을 왜나라 왕에게 전하거라!"
"왜나라 군대가 쓸 만한지 아닌지 알 수 없는데
어찌 이 귀한 칠지도를 보내려 하십니까?"
신하들은 왜나라를 업신여기며 말했지.
"어허, 하나만 알고 둘은 모르는구나.
만일 왜나라가 다른 나라를 돕는다면
골칫거리가 아니냐?"
그래, 왜나라가 당장 도움이 되지는 않겠지.
하지만 훗날을 위해 좋은 관계를 맺어야 하지 않겠어?
신하들은 모두 내 말에 고개를 끄덕였지.
"임금님의 깊은 뜻을 저희가 살피지 못하였습니다."
사신은 고개 숙여 칠지도를 받아 왜나라에 전했어.

어느 날, 우리 백제를
호시탐탐 노리던
고구려 고국원왕이 쳐들어왔어.
그렇다고 호락호락 당할
백제가 아니잖아?
내 아들, 근구수 태자가
고구려군과 맞서 싸워 이겼어.
하지만 이게 끝이 아니야.
싸움은 이제부터니까!

고구려의 평양성은 쉽게 무너지지 않았지.

그래도 고구려 왕을 죽여 백제의 힘을
제대로 보여 주었어.

"백제가 세워진 뒤로 가장 큰 영토를 갖게 되었나이다."
신하들은 모두 나를 치켜세웠지만 이걸로 만족할 수 없었어.
"땅이 넓어졌으니, 이제 바닷길을 넓힐 차례다!
백제가 해상 왕국이 되려면 무역의 중심지가 되어야 한다!"
나는 한강으로 직접 나가 중국을 다녀온 뱃사람에게 물었어.

"여러 나라를 자주 오가려면 배가 튼튼해야 할 텐데 어떠하냐?"

"백제의 배는 낙랑군 기술을 받아들여 만들었기 때문에 아주 튼튼합니다.
어느 나라든 다 갈 수 있습니다."

항구에는 가야, 신라, 왜나라로 중국 물건을 팔러 가는 배들로 가득했지.
백제는 중국과 다른 나라를 이어 주는 징검다리 역할을 하며 해상 왕국으로 발돋움하고 있었거든.

한데 백제는 중국과 교류하며 물건을 사고팔았지만,
외교 관계를 정식으로 맺은 적은 없었어.
이쯤 되면 백제도 중국과 외교 관계를 맺을 자격이 되잖아?
그래서 나는 중국 동진에 사신을 보내기로 했지.
"백제와 외교를 맺도록 동진을 잘 설득하고 오너라."
얼마 뒤 동진에 갔던 사신이 의기양양하게 돌아왔더라고.
"동진과 외교를 맺었습니다.
이제 중국의 문물을 들여오기가 더 쉬워졌습니다!"
"하하하, 기쁜 소식이로다!"
좋아서 자꾸 웃음이 났지만, 만족할 수 없었어.
"바다는 넓다! 뱃머리를 여러 곳으로 향하라!"
두고 봐! 백제는 중국을 넘어
더 먼 곳까지 가게 될 거야.

자랑은 아니지만 말이야, 내가 백제를 다스리는 동안
백제는 한반도에서 가장 힘센 나라가 되었고,
바다도 마음대로 다니게 되었거든.
그러니 이 모든 사실을 후손들에게 전하면 좋겠지?
역사책을 한번 만들어 볼까?
후손들이 자랑스러운 우리 백제의 역사를 읽는다면,
자신감을 갖고 나보다 더 큰 꿈을 꿀 거야.
나는 백제의 뛰어난 학자, 고흥 박사를 불렀어.

드디어 고흥 박사가 책 몇 권을 가지고 왔어.

오늘은 왜나라로 가는 나의 신하,
아직기를 보러 한강에 왔어.
배에 오르기 전, 나는 아직기에게 꿈이 뭐냐고 물었지.
그러자 아직기는 서슴없이 대답했어.
"제 꿈은 왜나라에 백제의 뛰어난 문화를 알리는 것입니다.
백제가 앞으로 나아가는 데 왜나라는 꼭 필요하니
우리의 손을 놓지 않게 해야 합니다."
아마도 아직기는 자신의 꿈을 꼭 이루고 말 거야.
나처럼 말이지!

2 왜나라에 백제의 숨결을 불어넣다

내 이름은 아직기.
왕의 명령으로 말 두 필을
왜나라에 전하러 가는 길이야.
왜나라가 어떤 나라인지
얘기만 전해 들었는데,
직접 가 보게 된다니 믿기지 않아.
과연 바다 건너 남쪽 섬나라는 어떤 나라일까?
나는 왜나라에 백제의 문화를
알릴 생각에 가슴이 뛰었어.

드디어 왜나라에 도착해서 말을 왕에게 선물했어.
그런데 어이쿠! 말을 제대로 돌볼 줄 아는 사람이 없다네.
원래 말을 돌보는 일이 쉬운 게 아니거든.
어쩔 수 없이 나는 마구간을 어떻게 지어야 하는지,
말 훈련은 어떻게 시켜야 하는지 알려 주어야 했어.

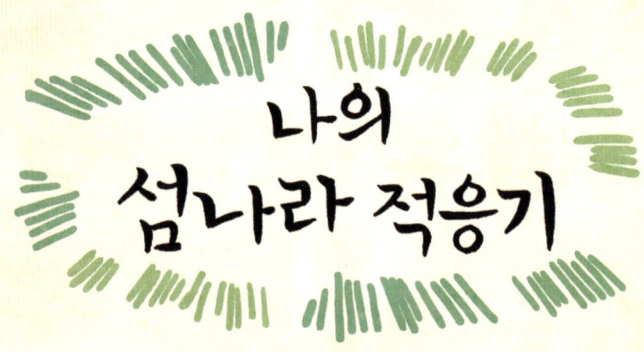

나의 섬나라 적응기

마구간 짓는 일을 살핀다.

말의 먹이통은 여기에 두시오.

나는 말을 돌보다 하루아침에 태자를 가르치게 되었어.

왜나라 왕은 내가 태자를 가르치는 게 꽤 마음에 들었나 봐.
하루는 나를 불러 자꾸 추켜세우네.
"태자를 가르치는 것을 보고 칭찬하지 않는 사람이 없소.
백제에서 가장 뛰어난 학자가 왔다며 좋아하더이다."
"저야 그저 책을 좋아할 뿐 뛰어난 학자는 아닙니다."
내 말에 왕이 깜짝 놀라 물었지.
"그럼 백제에 더 훌륭한 학자가 있단 말이오?"
"백제에 뛰어난 학자가 많지만
특히 왕인 박사를 따를 자가 없나이다."
왜나라 왕은 내 말을 듣자마자 백제에 사신을 보내
왕인 박사를 보내 달라고 부탁했어.
백제가 그 부탁을 들어주었냐고?
그럼! 백제는 왜나라와 좋은 관계를 유지하고 싶었으니까.
얼마 뒤 왕인 박사와 백제의 여러 기술자가 왜나라로 왔어.

바닷가에 왕인 박사를 보러 온 사람들로 북적이는구나.

나는 반갑게 왕인 박사를 맞았어.
왜나라 왕에게 왕인 박사를 소개해 주었지.
왕인 박사가 중국 공자의 말을 적은 『논어』와
한자를 익히는 『천자문』을 선물로 가지고 왔는데,
후후, 왕이 책을 받고는 어찌나 기뻐하던지 말이야.
"왕인 박사는 왜나라에 한자를 널리 퍼뜨린 사람으로
길이길이 기억될 것이오."
왕인 박사는 왜나라 태자와 신하들을 가르치는 스승이 되었단다.

"왕인 박사는 정말 모르는 것이 없는 것 같아."
"누가 아니래. 왕인 박사는 우리에게 큰 복이지, 큰 복이야!"
왜나라 사람들도 왕인 박사를 스승으로 우러르며 존경했어.
그 모습을 보니 얼마나 뿌듯하던지.

그러던 어느 날, 왜나라 신하가 나를 찾아왔어.
"백제 기술자들의 활약이 정말 대단합니다.
새로운 기술을 일본에 알려 주어 정말 감사합니다."
백제 사람들이 왜나라에 많은 기술을 알려 주었거든.

백제 기술자들이 왜나라에 전해 준 것을 말하려면
너무 많아 입이 아프지만 하나만 더 말해 줄게.
바로 농사와 저수지야.
백제는 한강이 있어 농사짓기 좋으니 기술도 발전했지.
"아이고, 정말 감사합니다.
백제 농부들 덕분에 벼농사 짓는 방법을 제대로 배웠습니다."

백제 기술자는 저수지 만드는 기술도 알려 주었어.
"흙 사이에 나뭇가지와 잎을 깔아 둑을 쌓으면 튼튼합니다."
"이 저수지를 백제 사람들이 만들었으니
'백제지'라 부르겠습니다. 고맙습니다."
음하하! 왜나라가 백제의 도움으로 나라 기틀을
다지는 것을 보니 기분이 아주 좋았지.

왜나라에 불교를 전한 것도 우리 백제야.
물론 내가 죽고 난 다음,
한참이 지나서야 일어난 일이지만.
백제 성왕 때 일이거든.
성왕은 고구려에 빼앗긴 한강 유역을 되찾아
백제를 다시 일으키려고 애쓴 왕이야.
왜나라와도 좋은 관계를 유지하려고 노력했어.
왜나라에 사신도 자주 보내고,
중국 양나라에서 온
진귀한 물건까지 선물했다니까.
대단하지?

게다가 왜나라에 불교를 전하기 위해
승려를 보내면서 불상과 불경도 보냈는데…….
이럴 수가!
왜나라가 불교를 선뜻 받아들이지 못하네.
"우리가 모시는 신이 노하면 어쩐답니까?"
그래도 그 뒤로 백제가 많은 승려를 보내면서
왜나라 불교도 점차 기초를 다지게 되었단다.

특히 백제 사람들이 많이 드나드는
아스카 지역 사람들은 불교를 쉽게 받아들였어.
"백제에 부탁해 절을 지읍시다."
백제 기술자들은 아스카로 가서
기와부터 벽돌 한 장까지 백제 기술로 절을 지어 주었지.
마치 백제의 절을 왜나라에 옮겨 놓은 것같이 말이야.
절을 다 지은 다음, 기념행사를 할 때는
아스카 사람들이 모두 백제 옷을 입고 모였다잖아.
백제 승려가 그 모습을 보고 얼마나 놀랐겠어.
"어찌 모두 백제 옷을 입었습니까?"
"백제 사람들에게 감사의 마음을
전하고 싶어서 입었습니다."

"백제에서 최신 유행하는 옷감으로 만들었지요."

호류사에는 백제 위덕왕이
보내 준 선물도 있어.
백제 관음상과 구세 관음상이야.
이 관음상을 본 사람들은
모두 입이 쩍 벌어졌지.

백제 관음상

왜나라 사람들은 호류사의
관음상들을 아주 귀하게 여겼어.

구세 관음상

내가 처음 왜나라에 왔을 때 꿈꿨던 일이 뭔지 알지?
왜나라에 백제의 문화를 널리 퍼뜨리는 것!
나하고 왕인 박사가 왜나라에 온 뒤로
백제의 문화는 곳곳에 퍼져 나갔단다.
왜나라에 백제 사람들이 모여 사는 곳도 생기면서
왜나라 사람들은 백제의 생활 풍습을 자연스럽게 받아들였지.
백제와 왜나라는 오랫동안 서로 오고 가면서
떼려야 뗄 수 없는 사이가 되었지.
아마 왜나라에 뿌리를 내린 백제 문화는 영원히 이어질 거야.
아, 내 꿈이 이뤄졌다고 생각하니 정말 가슴 뿌듯하구나!.
저기 가는 백제의 배도 바다를 누비며
어디론가 가서 아름다운 백제의 문화를 알리겠지?

3 세상을 향해 바다로 나가다

"망구야, 어디 갔니? 이리 와서 짐 좀 옮겨라."
"네네, 망구 가요, 가!"
나는 이 배에서 정말 중요한 일을 하는 망구야.
사실 난 뱃사람들의 심부름을 하고 있는데
나, 망구가 없다면 뱃사람들이
제대로 일할 수가 없단 말이지.
지금은 비록 심부름꾼이지만
난 커서 꼭 배의 선장이 될 거야.
"돛을 올려라! 닻을 내려라!"라고 외치는
나를 상상만 해도 킥킥 웃음이 절로 나온다니까.

숨 돌릴 틈도 없이 일하다 보니 해가 떨어지고 밤이 되었네.
나는 까만 하늘에 보석처럼 반짝이는 별을 바라봤어.
"무슨 별을 보느냐?"
왜나라에 하늘 보는 법을 가르쳐 주고,
백제로 돌아간다는 천문 박사가 내게 물었어.
"저기 가장 반짝이는 별을 보고 있어요."
"북극성이라는 별이란다. 언제나 북쪽에 떠 있지.
뱃사람들은 북극성을 보고 길을 찾는단다."
"아, 정말요? 그럼 별이 없는 낮에는 어떡해요?"
내 말이 뭐가 그리 웃기는지 천문 박사가 큰 소리로 웃었어.
"하하하, 백제의 뱃사람들은 바람의 방향과
바닷물의 흐름만 보고도 뱃길을 알 수 있단다.
너도 배를 오래 타다 보면 자연스럽게 알게 될 것이다."
정말 그럴까? 나도 커서 훌륭한 선장이 될 수 있겠지?

사실 백제의 배가 바다를 자유롭게 다닐 수 있는 것은
여러 사람 덕분이라고 할 수 있지.

우리 배는 서해 바닷가 마을, 죽막동에 도착했어.
백제 땅이지만, 가야 배나 왜나라 배도
이곳에 들러 머물렀다가 중국으로 간대.
나는 죽막동의 경치가 아름다워 잠시 쉬었다 가는 줄 알았어.
그런데 뱃사람들이 이것저것 바리바리 싸 들고는
봉긋하게 솟은 산으로 올라가지 뭐야.
"아휴, 힘들어! 아저씨, 여기를 왜 올라가는 거예요?
바다 구경하러 절벽까지 가는 거예요?"
산 끄트머리 바다 쪽으로 깎은 듯한 해안 절벽이 있거든.
내가 투덜대며 말하자 뱃사람 아저씨가 웃으면서 말했어.
"바다 구경은 아니고, 아주 귀한 분을 뵈러 간단다."
산 끄트머리에 어떤 귀한 분이 사는 걸까?

산 끄트머리에 다다르자, 뱃사람들은 자리를 펴고
그릇에 담은 음식을 가지런히 놓으며 제사 준비를 했어.
죽막동 산 끄트머리에 사는 귀한 분이 개양할미였던 거야.
개양할미는 서해를 지켜 주는 신이거든.
신에게 무사히 바다를 건너게 해 달라고 제사를 지내는 거래.

"개양할미시여, 저희 정성을 받으시고
무사히 바다를 건너게 하옵소서!"
"중국까지 안전하게 갈 수 있게 도와주십시오."

나는 옆에 있는 아저씨에게 귓속말로 물었어.
"아저씨, 개양할미는 나이 많은 할머니 신이에요?"
"허허, '할미'는 늙었다는 뜻이 아니라 '크다'는 뜻이야.
깊은 바다를 걸어 다닐 정도로 키가 어마하게 큰 신이란다."
나도 바다를 향해 우리를 지켜 달라고 간절히 빌었지.

죽막동에서 제사를 지내고 우리 배는 다시 돛을 올렸어.
"오늘 우리는 사비에 들렀다가 중국으로 갈 것이다.
천문 박사를 사비에 내려 주고,
중국으로 가는 사신들을 태워야 한다. 알았느냐?"
"네, 알겠습니다. 선장님!"
나는 사비로 간다는 말에 신바람이 났어.
사비는 지금 백제의 수도인데 꼭 가 보고 싶었거든.
나는 천문 박사에게 슬그머니 물었어.
"사비는 어떤 곳이에요?"
"사비는 백제의 세 번째 수도란다.
처음 수도는 한강 유역에 있었는데,
고구려에 빼앗겨 문주왕이 수도를 웅진으로 옮겼지."
"웅진은 가 본 적이 있어요. 사비도 웅진처럼 좋은가요?"
"성왕이 수도를 사비로 옮긴 것은,
땅도 넓고 금강이 있어 배가 드나들기 좋기 때문이란다.
그러니까 당연히 사비도 웅진처럼 좋겠지?"

백제 수도 이동 경로

배가 사비에 닿자
천문 박사는 배에서 내리면서
내 머리를 쓰다듬어 줬어.
"망구야, 앞으로 커서
훌륭한 선장이 되어라."

망구야, 중국도 잘 갔다 오거라!

'천문 박사를 따라 사비를 구경하면 얼마나 좋을까…….'
하지만 그럴 수가 없었어.
알지? 우리 배는 내가 없으면 안 되는 거!
저기 몰려오는 사람들 좀 봐.
배에 사람도 태워야 하고, 짐도 실어야 해.
바쁘다, 바빠!

우리 배는 사람들과 짐으로 꽉 찼어.
백제 사신들이 중국에 가져갈 신기한 특산물을 잔뜩 실었거든.
사신은 너희가 알고 있는 외교관과 비슷해.

젊은 사신이 작은 말 하나를
끌고 나에게 다가왔어.
"이 말은 과하마라고 한단다.
잘 돌봐 주렴.
다른 말에 비해 작지만
힘이 아주 세니
우습게 보면 안 된다."

사신의 말에 난 잘난 체를
좀 하고 싶어졌어.
"저도 알아요.
과하마는 키가 작아
말을 타고도
과일나무 가지 밑으로
지날 수 있다고 지어진
이름이잖아요."

아니나 다를까 내 말에 사신이 깜짝 놀랐어.
"나이도 어린 녀석이 잘 알고 있구나!"
"저도 곧 뱃사람이 될 건데, 설마 과하마를 모를까 봐서요.
중국에서도 귀하게 여겨 중국 왕에게 선물하는 거잖아요."
나는 으스대며 큰소리쳤지.
그랬더니 사신이 나에게, 꼭 시험 보듯 다른 걸 묻는 거야.

마침내 우리 배는 중국 땅에 닿았어.
중국을 오가는 백제 사람들은 사신만 있는 게 아니야.
상인들도 부지런히 중국과 백제를 오가며 물건을 사고팔았어.
나는 배에서 내려 상인들을 따라 시장으로 갔어.
나도 백제 인삼 파는 것을 도와주고 싶었거든.
흐흐, 장사는 처음이라 엄청 기대돼!
"백제 인삼이 왔어요, 백제 인삼!
백제 인삼은 고구려 인삼보다 가늘지만,
단단하고 맛이 부드럽답니다!"
목청을 높여 소리쳤더니 중국 사람들이 우르르 몰려들었어.
중국 사람들이 백제 인삼을 보고는 헤벌쭉 웃네.
"난 고구려 인삼보다 백제 인삼이 좋아요."

백제 인삼은 중국 사람들에게 엄청 인기가 많았어.
눈 깜짝할 사이에 다 팔렸다니까!
"자, 인삼을 팔아 돈을 두둑하게 벌었으니
이제 중국 물건을 사러 가자!"
"저도 같이 갈래요. 구경하고 싶어요!"
중국 사람들이 백제 인삼을 좋아하는 것처럼
백제 사람들이 좋아하는 중국 물건도 많았어.
상인들은 이 가게, 저 가게를 돌아다니면서
백제 사람들이 좋아하는 물건을 고르느라 바빴지.

우리 배는 다시 백제로 돌아가려고 돛을 올렸어.
돛이 팽팽하게 부풀어 오르면서 힘차게 앞으로 나아갔지.
아무리 생각해도 뱃사람이 되기로 한 것은 잘한 것 같아.
백제가 이 나라 저 나라를 다닐 수 있는 건
다 뱃사람들 때문이잖아.
뱃사람들이 목숨을 걸고 험한 뱃길을 개척하지 않았다면
다른 나라 문물을 받아들이지도 못했을 거고,
백제의 문화를 널리 알릴 수도 없었을 거야.
나는 뱃머리에서 바다를 향해 소리쳤어.
"나는 꼭 훌륭한 선장이 되어서
아주 먼 곳까지 백제를 알릴 거야!"
인도라는 나라에는 코가 긴 코끼리가 산다는데…….
백제에 도착하면 친구 진솔이에게
코끼리가 사는 나라에 꼭 같이 가자고 해야지.

4 백제, 문화를 꽃피우다

미륵산에 해가 솟아오르자
백제의 절, 미륵사 짓는 소리가 울려 퍼졌어.
나는 기와에 대해서는 모르는 것이 없는 와박사야!
와박사는 백제에서 기와 전문 기술자에게 주는 관직이지.
어서 서둘러 기와 공방으로 가자!
어, 내 딸 우금이가 벌써 나와서 날 기다리고 있네.
우금이는 며칠째 기와 만드는 일을
　　　　　배우겠다고 조르고 있거든.

　　기와 만드는 일이
　　　얼마나 힘든지 모르고 저러네.
　　멋모르고 덤볐다 얼마나 고생하려고.

흠흠! 공방 사람들도 벌써 팔을 걷어붙이고 일하고 있군.
기와 공방 사람들이 나를 보고는 고개 숙여 인사했지.
"와박사님, 나오셨습니까?"
"그래, 오늘도 수고들 하시게나."
나는 공방을 구석구석 둘러보았어.
어휴, 우금이는 껌딱지처럼 붙어 나를 따라다니고.
나는 흙을 잘 다지고 있는지, 기와를 잘 굽고 있는지,
기와에 무늬를 잘 새기고 있는지 살펴보았지.

우금이는 나를 따라다니며 계속 졸라 댔어.
"아버지, 저도 기와 만드는 일을 배우고 싶어요!"
"우금아, 도대체 왜 기와를 만들고 싶은 거냐?"
"저도 아버지처럼 아름다운 기와를 만들고 싶어서요."
"그래? 그럼 기와를 어떻게 만드는지 알고 있느냐?"
"당연하지요!"
이런, 우금이가 기와를 어떻게 만드는지 줄줄 읊어 대네.
"좋은 기와를 만들려면 좋은 흙을 써야 하고,
기와를 구울 때는 불의 세기가 중요하지요."
"제법이구나. 그렇지만 여자아이가
이렇게 힘든 일을 할 수 있겠느냐?"
우금이는 내 말에 가슴을 펴고 당당하게 말했어.
"당연하지요. 저는 힘도 세고, 손재주도 좋다고요."
허허, 누구 딸인지 참!

기와 만드는 방법

① 흙 다지기

② 흙판 만들기

③ 기와 만들기

④ 기와 말리기

⑤ 기와 굽기

"와박사님, 막새기와가 나왔습니다. 보시지요."
나는 막 가마에서 꺼낸 막새기와를 꼼꼼하게 들여다봤어.
"막새기와는 지붕 처마 끝에 올리는 기와예요. 막새기와에는 대개 연꽃무늬를 넣어요."
우금이가 나보고 들으라는 듯 옆에서 중얼중얼!

우금이는 계속 나를 쫓아다니며
종알종알 참견을 했어.
"아버지, 와박사님!
벽돌 공방에 가서서 벽돌도 보셔야지요."
"언제까지 나를 졸졸 쫓아다닐 참이냐?"
우금이가 못 들은 척 벽돌 공방으로
후다닥 들어가 버리네.

벽돌 공방에는 산경치무늬, 연꽃무늬,
도깨비무늬 등 여러 무늬가 새겨진
벽돌들로 가득했어.
"아버지, 벽돌에 도깨비를 새기는 건
나쁜 기운을 막기 위해서죠?"
"그렇지. 벽돌에 무늬를 새기는 것은
중국에서 배운 거지만 이제 백제의 기술도
중국 못지않게 세련되었단다."
나는 아차 싶었지.

우금이가 기와, 벽돌 배우는 것을
말려야 할 판에 자꾸 설명하며
알려 주고 있으니 말이야.
우금이가 나를 보며 활짝 웃고 있네.
누굴 닮아서 저리 고집이 센지!

결국 노반박사를 만나러 가는 길도 우금이와 함께하게 됐어.
탑을 짓는 최고의 기술자에게 주는 관직이 노반박사야.
"와박사, 진솔이! 따님하고 사이좋게 나왔는가?"
"사이좋은 딸은 무슨?
기와 일 배우겠다며 귀찮게 하는 고얀 놈일세!"
"허허, 우금아, 기와는 재미없다. 탑이나 구경 가자!"
노반박사가 우금이를 높은 석탑 앞으로 데려갔어.
"우금아, 이렇게 높고 큰 석탑은 처음 볼 거다.
어마어마하지? 이 석탑이 몇 층인 줄 아느냐?"
"네, 9층 아니에요?"
"딩동댕! 탑의 층수를 셀 때는 지붕처럼 생긴 것만 세는 거지.
그러면 탑의 층수는 반드시 홀수여야 한다는 것도 아느냐?"
"앗, 그건 몰랐어요."
우금이는 신기한 듯 눈을 반짝이며 탑 여기저기를 구경했어.

그날 이후, 우금이가 기와 공방에 통 나타나질 않았어.
"와박사님이 매몰차게 구셔서 우금이가 안 나오려나 봅니다."
"내가 낸 문제를 풀면 나타날 걸세.
아름다움이 뭔지 알아내는 숙제를 내 주었거든."
내 예상대로 며칠 만에 우금이가 불쑥 나타났지.
"아버지, 아름다움이 무엇인지 제가 보여 드릴 테니 함께 가요."
우금이는 나를 무작정 끌고 금속 공방으로 갔어.
"네가 찾은 아름다움이 향로인 것이냐?"
"보세요. 구리라는 금속으로 만들었는데도,
흙에 모양을 새긴 것처럼 섬세하잖아요.
정말 눈을 뗄 수 없어요. 멋지죠?"
향로 기술자가 고개를 내저으며 말했어.
"이 아이가 와박사님의 딸이었군요.
하도 꼬치꼬치 캐물어서 진땀 꽤나 뺐습니다."
"내 딸이 성가시게 했군그래. 미안하네."
우금이는 향로에 대해 배운 것을 조잘조잘 자랑하기 시작했어.

> 금동 대향로는 중국 향로와 닮았지만, 백제만의 아름다움이 담겨 있다고요.

찾아라! 금동 대향로 속 숨은 캐릭터!

악사 ❶   악사 ❷   악사 ❸   봉황   악사 ❹   악사 ❺

뱀 물고 있는 동물

멧돼지

원숭이

악어

용

도깨비

사람 얼굴을 한 새

호랑이

물고기

사람 태운 코끼리

※ 이 밖에도 많아요!!

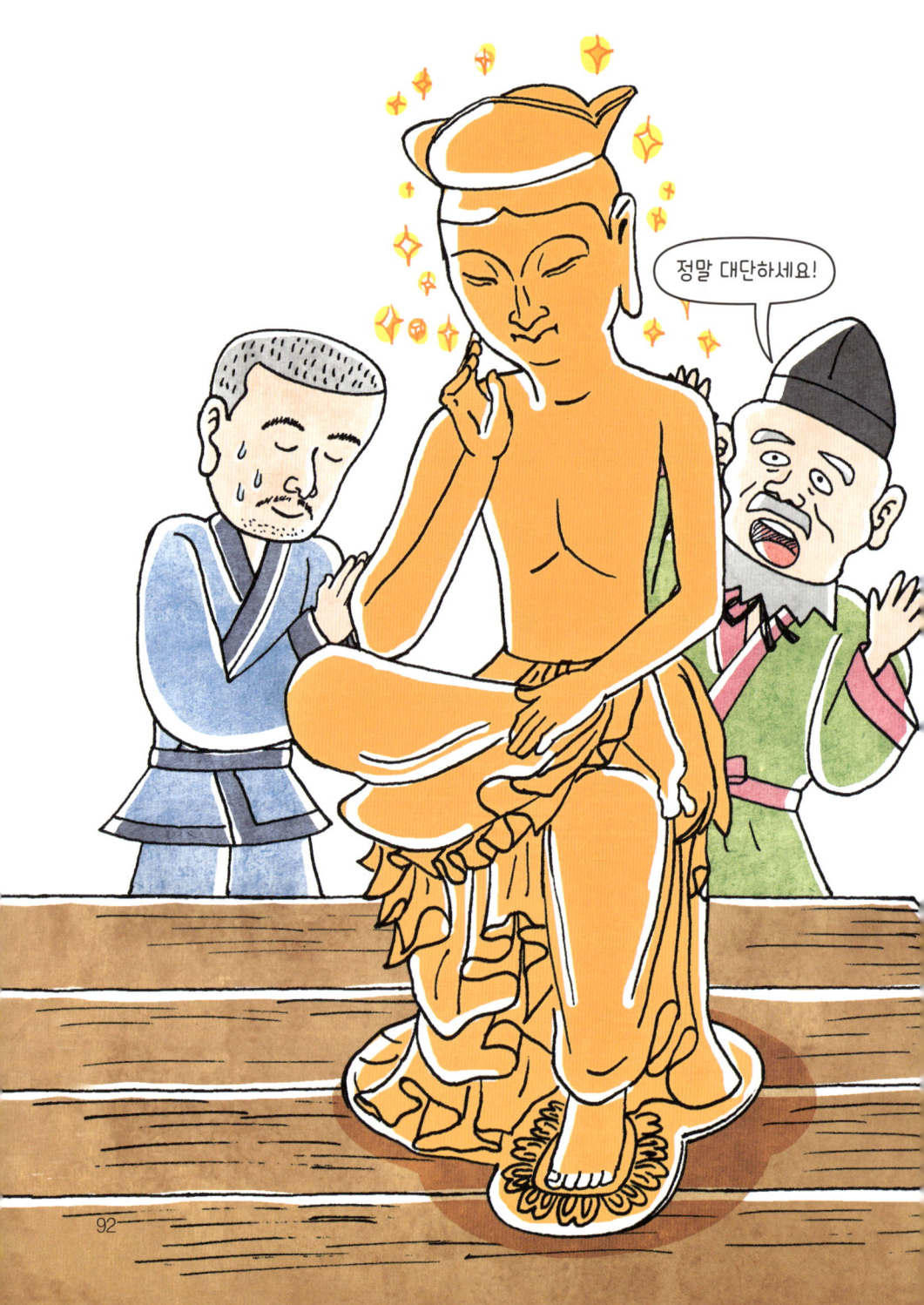

"아버지, 향로도 아름답지만, 제가 찾은 아름다움은 아니에요."
우금이는 나를 끌고 또 어디론가 갔어.
그곳에서 불상을 만들던 승려가 나를 보더니 웃네.
"따님이 아주 대단합니다. 사흘 동안 불상 만드는 것을
지켜보는데, 숨소리 한번 크게 안 내더이다."
"제 딸이 귀찮게 해 죄송합니다."
승려가 자리를 뜨자 우금이가 내게 속삭였어.
"며칠 동안 유심히 봤는데 사람 솜씨가 아니에요.
손끝이며 옷 주름 좀 보세요. 엄청 섬세하잖아요.
특히 저 미소! 무엇보다 아름다워요."
"네가 찾은 아름다움이 저 미소냐?"
내 물음에 우금이는 고개를 절레절레!
"제가 찾은 아름다움은요,
온 힘을 쏟아 아름다운 것을 만드는 백제 장인들이에요."

결국 나는 딸에게 지고 말았어.
우금이에게 기와 만드는 일을 배우도록 허락했지.
"우금아, 옛 친구를 만나러 항구에 갔다 오마."
"네, 걱정 말고 다녀오세요!
공방에는 제가 있잖아요!"

아, 갈 길이 멀다!
항구로 가려면 가야산을 넘어야 하거든.
사신이나 상인들이 중국으로 가는 배를 타려면
가야산을 넘나들어야 하지.
얼마나 걸었을까 가야산 절벽 바위에 상인들이 모여 있네.
가서 보니 바위를 깎아 만들었다는 불상이 떡하니 있지 뭐야.
"세상에 이토록 아름다운 불상은 처음 봅니다."
내 말에 상인들은 모두 고개를 끄덕였어.
"그렇죠. 웃고 있는 불상을 보면 모든 시름이 다 날아갑니다."
상인들은 모두 절벽 바위 불상에 절을 올렸어.
불상이 그들을 내려다보며 이렇게 말하는 것 같았지.
"내가 너희를 지켜 줄 테니 걱정하지 말고 다녀오거라."

서산 용현리
마애여래 삼존상

우아! 입이 다물어지지 않네!

마애여래 삼존상의 미소는 어쩌면 백제 사람들의
너그러운 마음에서 나왔는지 몰라.
다른 문화와 다른 나라 사람들을
따뜻하게 보듬은 백제 사람들의 미소!
그 미소야말로 백제의 힘이지.
백제가 수백 년 동안 뱃길을 개척하고, 여러 나라와 교류하며,
아름다운 문화를 꽃피울 수 있게 한 힘!
저기 바다를 접수한 아름다운 백제 사람들이 보이는구나.
나는 선장이 된 옛 친구 망구를 단박에 알아봤지.
언젠가는 나도 망구의 배를 타고 먼 나라에 가 볼 거야.
우리 어릴 적에 꿈꿨던 것처럼 말이야.

재미만만 한국사 — 백제
역사는 흐른다

- **기원전 57년** — 신라 건국.
- **기원전 37년** — 고구려 건국.
- **기원전 18년** — 백제 건국.
- **260년** — 백제 고이왕, 16관등과 공복 정함.
- **384년** — 백제, 불교 받아들임.
- **433년** — 백제와 신라, 동맹 맺음.
- **475년** — 문주왕, 수도를 웅진으로 옮김.
- **538년** — 성왕, 수도를 사비로 옮김. "좀 더 좋은 곳으로 이동!"

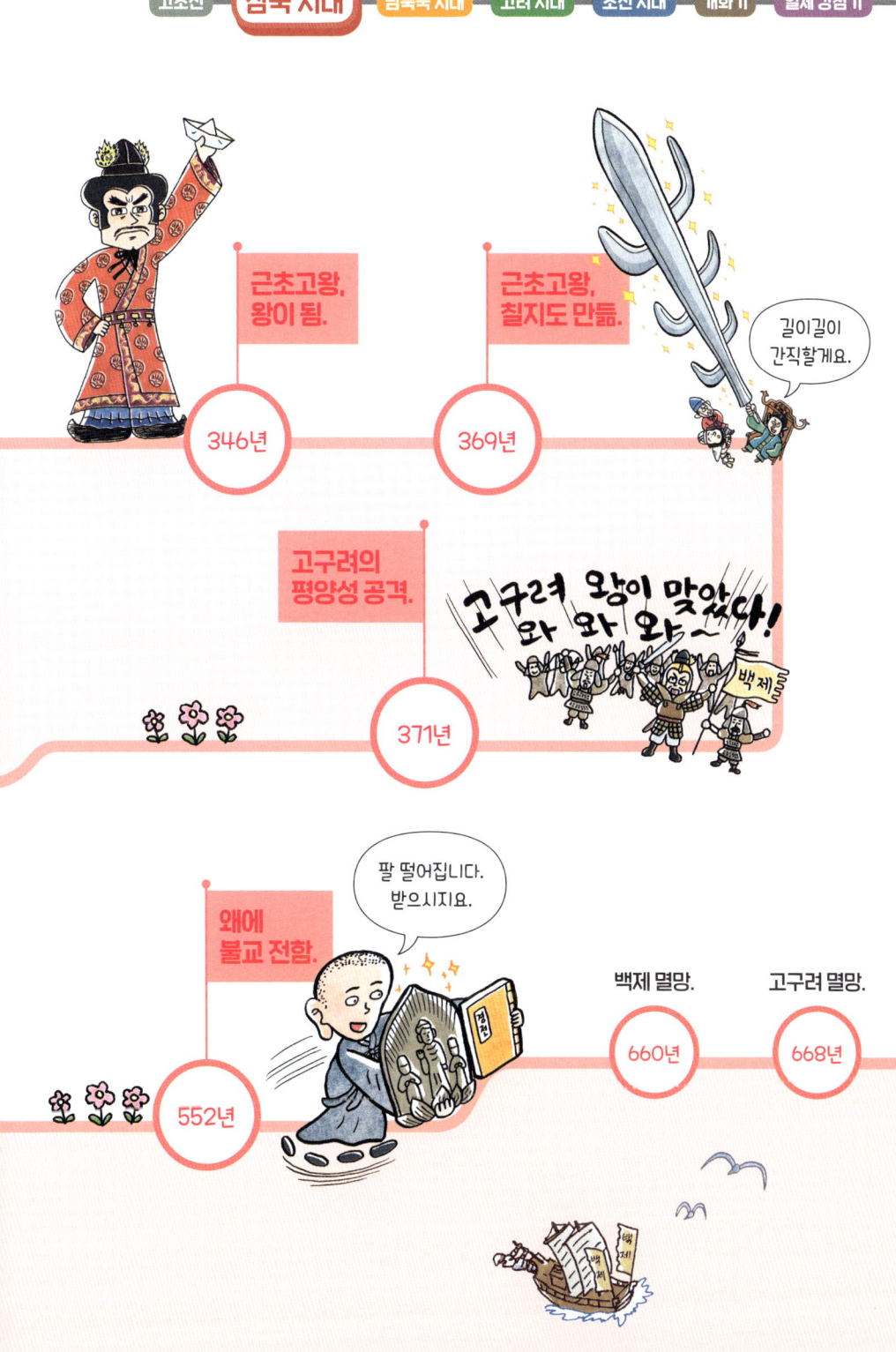

글 김해원

2000년 한국일보 신춘문예에 동화가 당선되면서 글쓰기를 시작했습니다. 쓴 책으로는
『오월의 달리기』, 『빼앗긴 나라의 위대한 영웅들』, 『한지, 천년의 비밀을 밝혀라!』,
『홍계월전』, 『매호의 옷감』, 『백성을 사랑한 화가 윤두서』, 『별주부전』 등이 있습니다.

그림 이경석

재미난 그림으로 세상을 좀 더 유쾌하게 만들고 싶어 하는 만화가이자
일러스트레이터입니다. 그린 책으로는 『개화 소년 나가신다』, 『진시황의 책 교실』,
『수상한 졸업여행』, 『어쨌든 이게 바로 전설의 권법』, 『어린이들의 한국사』,
『한국을 빛낸 역사 인물 123』 등이 있습니다.

감수 하일식

연세대학교 사학과를 졸업하고, 같은 학교 대학원에서 고대사를 연구하여 박사 학위를
받았습니다. 현재 연세대학교 사학과 교수로 학생들을 가르치고 있습니다.
쓴 책으로는 『신라 집권 관료제 연구』, 『경주 역사 기행』, 『한국 고대사 산책』(공저),
『고려시대 사람들의 삶과 생각』(공저) 등이 있습니다.